$L^3m.143.$

(Réserve.)

NOTICE HISTORIQUE ET GENEALOGIQUE

SUR

LA FAMILLE DE BOURGOING

# NOTICE

*Historique & Généalogique*

SUR LA FAMILLE

# DE BOURGOING

en Nivernois & à Paris.

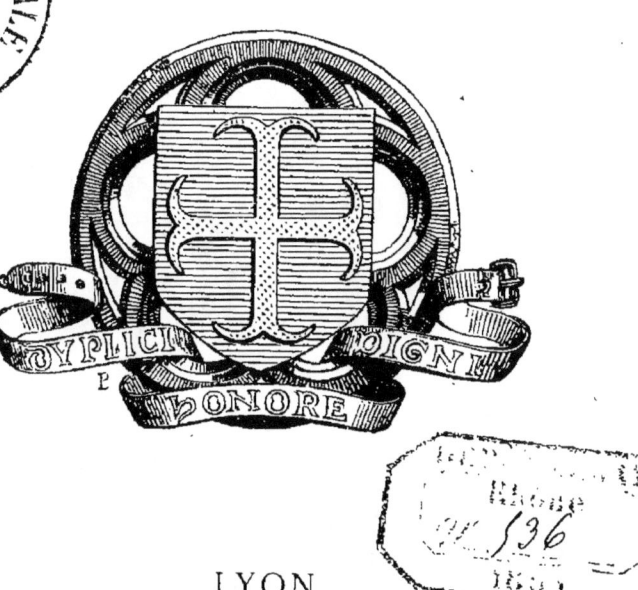

LYON

IMPRIMERIE DE LOUIS PERRIN

M D CCC LV

NOTICE HISTORIQUE ET GENEALOGIQUE

SUR

## LA FAMILLE DE BOURGOING

EUX *familles, connues dès le* XIV<sup>e</sup> *fiècle en Nivernois pour être nobles d'ancienne race, ont porté le nom de* LE BOURGOING (1) : *celle des feigneurs du Vernay, de la Douée & de Sichamps, & celle des feigneurs de Folin.* On les a toujours confidérées comme étrangères l'une à l'autre, tandis qu'il paroît certain que ce font deux branches d'une même famille, féparées au milieu du XIV<sup>e</sup> fiècle.

---

(1) Nous verrons plus loin qu'en 1127, en 1232 & en 1288, on trouve mention de perfonnages de ce nom qualifiés *milites* (chevaliers). Dans les anciens titres, ce nom fe trouve écrit de diverfes manières : LE BOURGOING, BOURGOIN, BOURGOUIN. Dès les premières années du XVII<sup>e</sup> fiècle, l'article placé originairement devant le nom fut généralement fupprimé par les membres de la branche de Sichamps, & depuis le milieu du fiècle fuivant, le nom eft toujours écrit DE BOURGOING.

*La communauté d'origine de ces branches eſt prouvée par une charte de* 1372, *conſervée aux archives de l'Empire (regiſtre* 466), *& citée par Béthancourt (Noms féodaux, t. I, p.* 165), *dans laquelle il eſt queſtion de GUILLAUME LE BOURGOIN de CHAMPLEURER (Champlévrier), & de JEAN LE BOURGOIN, ſon frère; or la filiation ſuivie & prouvée des deux branches commence en* 1340, *& les noms de leurs auteurs ſont les mêmes que ceux des deux frères de la charte de* 1372. *Il faut remarquer en outre que les mêmes noms de baptême ſe retrouvent portés par des membres des deux branches, ſurtout dans les premiers degrés.*

*Les Le Bourgoing du Vernay & les Le Bourgoing de Folin ont, il eſt vrai, porté des armoiries différentes; mais la diverſité de blaſon n'eſt pas du tout une preuve de diverſité de famille: ſouvent les cadets prenoient des armes autres que celles de l'aîné, & d'ailleurs le blaſon des familles n'eut rien de bien fixe avant la fin du $XV^e$ ſiècle, ou les premières années du $XVI^e$* (1).

*La nobleſſe ancienne de la famille Le Bourgoing a été authentiquement conſtatée par les preuves que quelques-uns de ſes membres ont faites, au $XVII^e$ ſiècle & au $XVIII^e$, pour entrer à Malte, à la maiſon de St-Cyr & à l'Ecole militaire, & par pluſieurs arrêts de maintenue de nobleſſe du $XVIII^e$ ſiècle. Des expéditions de ces preuves exiſtent dans*

---

(1) Voir les anciens Traités de la nobleſſe & du blaſon, & particuliè- rement le Tréſor généalogique de D. Caffiaux.

les archives de la famille & au cabinet des titres de la Bibliothèque impériale; nous avons extrait de ces pièces authentiques la majeure partie des éléments de cette généalogie, dont nous avions trouvé quatre degrés dans un tableau généalogique faisant partie des œuvres de Guy Coquille, l'historien du Nivernois (éd. de Paris, 1665). Les archives de la ville de Decize en Nivernois, & celles de M. le baron de Bourgoing, sénateur, qui a recueilli un assez grand nombre de pièces sur sa famille, provenant en général du cabinet d'Hozier, nous ont été d'un grand secours.

Presque toutes les alliances de la famille Le Bourgoing appartiennent à d'anciennes races de nom & d'armes comptées parmi les premières du Nivernois & des provinces voisines. La branche du Vernay, seule existante actuellement, a fourni, depuis la fin du XV<sup>e</sup> siècle, plusieurs personnages distingués dans le clergé, dans la magistrature &, en dernier lieu, dans la diplomatie. La branche de Folin s'est éteinte, au commencement du XVIII<sup>e</sup> siècle, dans les familles du Prat & de Grivel de Grossouvre. Nous avons eu connoissance des deux premiers degrés de la filiation de la branche du Vernay, que ne mentionnent ni le tableau des œuvres de Coquille, ni les preuves, par une généalogie autographe de l'historien Guy Coquille (1), & par la

---

(1) Cette généalogie, écrite sur un petit cahier de parchemin, faisoit partie de la bibliothèque d'An- toine-Charles Parmentier, archiviste & dernier procureur-général de la chambre des Comptes de Nevers,

viij

*copie d'une inscription qui étoit gravée sur une plaque de bronze, dans la chapelle des Bourgoing, en l'église St-Martin de Nevers; on lisoit au-dessous de cette plaque:*

NOBILIS<br>
BOVRGOINORVM FAMILIAE<br>
SEPVLCHRVM

*En outre, les deux premiers degrés nous sont connus par la charte de* 1372, *dont nous avons parlé, & par une autre charte dont nous donnerons le texte.*

*La filiation des deux branches est authentiquement établie depuis* 1340; *mais, antérieurement à cette époque, on trouve mentionnés dans des chartes les personnages suivants, qui sont bien probablement des ancêtres de la famille* (1):

Hugo Le Bourgoing, miles (*chevalier*), Regina mater sua & Girardus frater *qui, en* 1127, *vendent une rente aux religieux d'Apponay;*

Guido Le Bourgoing de Rochefort & Guido de Bosco, milites, *qui, avec le consentement de Guy de Rochefort, fils dudit Guido, font une donation au même couvent d'Apponay, en* 1232;

---

homme fort érudit, qui, pendant plus de quarante ans, s'occupa à réunir des documents pour une histoire du Nivernois, dont un seul volume fut publié. Parmentier mourut en 1791, laissant sa bibliothèque à M. Bourdereau, de Paris, dont le fils possède actuellement le manuscrit de Coquille en question.

(1) Les lignes suivantes sont copiées textuellement sur des notes autographes du généalogiste d'Hozier, faisant partie des archives de M. le baron de Bourgoing.

Isabeau, *veuve de* Guyot Le Bourgoing (*peut-être le même que ce Guy de Rochefort mentionné ci-dessus*), & Alys *leur première fille, qui vendent aux Chartreux d'Apponay la sixième partie du Bois Mignet, le vendredi avant Lætare* 1288.

*Il est probable que ce* Guyot *fut le père de* Guillaume Le Bourgoing, *dont les deux fils* Jehan & Guillaume *furent les auteurs des branches du Vernay & de Folin.*

*Nous trouvons encore, dans l'ouvrage de Béthancourt, quelques personnages du nom de Le Bourgoing, qui doivent se rattacher à la famille dont nous nous occupons, ce sont :*

Hugonin Le Bourgoing de Chalenier (*sans doute pour Champlévrier*), *damoiseau, en* 1345 ;

Pierre Le Bourgoing de St-Honoré, *damoiseau*, & Marguerite de Rodon, *sa femme*.

*Nous allons donner la filiation suivie des deux branches, en commençant par celle des seigneurs du Vernay & de Sichamps, seule existante actuellement.*

# LE BOURGOING

SEIGNEURS DU VERNAY, DE POISSONS, DE CHAILLANT, DE VAUJOLI, DE LARMANCE, DE PLANCHEVIENNE, D'AGNON, DE MUSSY, DE LALEUF, DE SARPOIL, DE LIMANTON, DE LA DOUÉE, DE BELLEPERCHE, DE LA HAUTECOUR, DE SICHAMPS, DE BOIS-HENRY, DE NION, DE TOURY-SUR-ABRON, D'YONNE, DE MAUPERTUIS, DE MORANGE, DE VINGHUEUX, DE MAGNY, DE CHARLY, DE LA BAUME, BARONS ET COMTES DE BOURGOING.

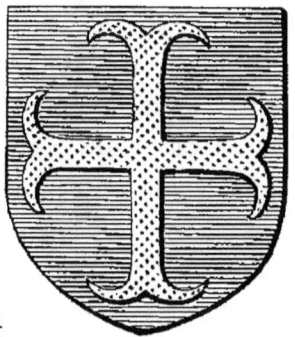

Armes : d'azur, à la croix ancrée d'or (1). — Supports : Deux lions. — Devife : DUPLICI HONORE DIGNI.

I. GUILLAUME LE BOURGOING, I<sup>er</sup> du nom, chevalier, eft mentionné avec cette qualification dans une charte de 1344, par laquelle le roi Philippe de

---

(1) Paillot, Science des armoiries. — Armorial manufcrit de la généralité de Moulins. — La Chefnaye-des-Bois, Dictionnaire de la Nobleffe. — Catalogue & armoiries des gentilshommes qui ont affifté aux Etats généraux de Bourgogne. — Généalogie de la maifon de Courvol. — Simon, Armorial général de l'Empire françois. — Comte de Soultrait, Armorial de l'ancien duché de Nivernois, etc.

Valois accorde à son fils Jehan & à ses hoirs une rente de cent livres tournois, charte dont nous donnerons le texte plus bas. Guillaume étoit mort à cette époque ; il eut deux fils :

1. Jehan, auteur de la branche du Vernay, dont l'article suit.
2. Guillaume, auteur de la branche de Folin dont la filiation sera rapportée.

II. JEHAN LE BOURGOING, I<sup>er</sup> du nom, qualifié *miles* (chevalier) dans la généalogie manuscrite de Guy Coquille, & dans l'inscription de l'église de St-Martin de Nevers, vivoit en 1340. Il servit avec distinction dans les guerres du règne de Philippe de Valois, comme le prouve la charte suivante conservée en original dans les archives de M. le baron de Bourgoing :

Philippe par la grace de Dieu Roy de France. Savoir faisons a touz presenz et avenir Que nous pour consideration des bons et agreables services que notre amé et feal Jehan Le Bourgoing filz de feu Guillaume Le Bourgoing chevalier nous a faiz en noz guerres de Gascoigne des frontieres de Haynaut et de Flandres et eu plusieurs noz offices depuis que nous venismes au gouvernement de notre dit

Royaume avons donné et octroyé donnons et octroions par ces presentes Lettres de certaine science de grace especiale et de notre auctorité et plain pouvoir royal audit Jehan Le Bourgoing ses hoirs et successeurs et ceuls qui de lui auront cause cent livres tournois de annuel et perpetuel rente a tenir par li ses hoirs et successeurs et ceuls qui de li auront cause en heritage perpetuelment et pardurablement a fere leur volonté lesqueles cent livres voulons de notre dite grace que li soient assises bailliees et deliurees en terre sur les forfaitures et amendes qui nous sont escheues ou paye de Niveruois non contrestant autres graces ou dons que nous li ayons faiz pour lesqueles cent livres de terre le dit Jehan et ses hoirs seront tenus de fere hommage lige a nous et a noz successeurs Roy. Et pour ce que ce soit ferme chose et estable a touz jours nous avons fait mectre notre seel en ces presentes Lettres sauue en autres choses notre droit et en toutes lautruy. Donné a Paris l'an de grace mil troiz cenz quarante et quatre ou moys de decembre.

Et sur le repli :

Par le Roy Foiriz.

Le sceau, qui étoit sur double queue de parchemin, a été enlevé.

Jehan figure auſſi, en 1372, dans la charte citée plus haut. Il eut de ſa femme, nommée Marie dans le manuſcrit de Coquille, un fils dont l'article ſuit :

III. JEHAN LE BOURGOING, II<sup>e</sup> du nom, écuyer, fut procureur du roi au bailliage de St-Pierre-le-Mouſtier, & échevin de Nevers en 1411, 1419, 1420 & 1423 (Arch. de Nevers). Il épouſa Jeanne de Lamarche, dont il eut un fils qui suit :

IV. GUILLAUME LE BOURGOING, II<sup>e</sup> du nom, écuyer, eſt le premier de la famille qui ſe trouve mentionné dans le tableau généalogique des OEuvres de Guy Coquille. Il fut lieutenant-général au bailliage de St-Pierre-le-Mouſtier, & échevin de Nevers en 1444 & 1473. Il eut de Jeanne La Bize, ſa femme, trois enfants :

1. Guillaume, dont l'article ſuit.
2. Jehan Le Bourgoing, doyen de l'égliſe cathédrale de Nevers & conſeiller au Parlement de Paris en 1462, mourut en 1484 (Gallia chriſtiana. — De la Généalogie & réception des préſidents à mortier & conſeillers du Parlement de Paris, liv. V, p. 27).
3. Philippe Le Bourgoing fut chanoine de Nevers & abbé de Livry & de Longvilliers (Archives de Decize).

V. GUILLAUME LE BOURGOING, III<sup>e</sup> du nom, écuyer, seigneur du Vernay, naquit en 1448. Il fut échevin de Nevers en 1489. Nous le voyons figurer, avec l'indication de l'âge qu'il avoit à cette époque, au nombre des jurisconsultes & des notables du Nivernois qui concoururent, en 1494, à la première rédaction de la Coutume de la province. La liste de ces jurisconsultes est imprimée dans l'édition princeps de ladite Coutume. Il fut lieutenant-général au bailliage de St-Pierre-le-Moustier en 1511 (Arch. de Decize). Ce fut sans doute lui qui fit construire le château du Vernay, aux environs de Nevers; on remarque encore, au-dessus de la porte d'entrée de ce manoir, un écusson à ses armes; nous avons vu aussi dans les archives de la terre du Vernay, possédée maintenant par M. le comte de Chabrol-Chaméane, un terrier de l'ancienne seigneurie, des premières années du XVI<sup>e</sup> siècle, qui porte le nom & les armes d'un Bourgoing. Guillaume étoit mort en 1517; il laissa de sa femme Marguerite de Corbigny (1), qu'il dut épouser vers 1468, dix enfants :

1. Guillaume, dont l'article suit.

---

(1) Voir, pour la description des armoiries des familles que nous avons occasion de nommer, l'Armorial placé à la suite de cette Notice.

2. Jehan Le Bourgoing, écuyer, seigneur de Poissons & de Chaillant.

3. Guy ou Guyot Le Bourgoing, écuyer, seigneur du Vernay, fut grènetier d'Avallon & de St-Pierre-le-Mouſtier (Arch. de Decize). Il avoit épousé, avant 1517, Françoiſe de Gaſtelier, dont il eut pluſieurs enfants. Sa veuve ſe remaria avec Guillaume Larchet, avocat à Nevers.

    A. Guillaume Le Bourgoing, écuyer, seigneur du Vernay & de Larmance, étoit en 1538 procureur du roi en l'élection de Nivernois. Il mourut le 27 avril 1578, & il fut enterré dans l'égliſe de Dornecy, sous une dalle portant ſon épitaphe & une croix fleuronnée, accompagnée de deux écuſſons, l'un à ſes armes, l'autre aux armes de ſa femme Lazare de Grantris, dont il eut quatre enfants (Recueil d'Epitaphes aux Mss. de la Bibl. imp.):

        *a*. Lazare Le Bourgoing, mariée, par contrat du 1er octobre 1586, à Noël Michault, écuyer, ſeigneur du Trouſſay.

        *b. c. d.* François, Etienne & Denis Le Bourgoing, ſur leſquels nous n'avons aucune donnée.

    B. Perrette Le Bourgoing, mariée à Antoine Chevalier, écuyer.

C. Jehan Le Bourgoing, écuyer, feigneur de Vaujoli.

D. Guy Le Bourgoing, chanoine de Nevers.

4. Jacques Le Bourgoing, bachelier ès-droits canon & civil, fut chanoine de Nevers, puis prieur de Chambon & protonotaire apoftolique.

5. Noël Le Bourgoing, feigneur de Planchevienne, docteur ès-droits canon & civil, fut d'abord curé de Parigny-les-Vaux, puis chanoine & tréforier de l'églife cathédrale de Nevers. Il devint fucceffivement préfident de la chambre des Comptes de Nevers, abbé de Bouras, confeiller au grand Confeil, puis au Parlement de Paris. On lui doit en grande partie la feconde rédaction de la Coutume du Nivernois, dont il s'occupoit avec fon frère Guillaume en 1534, & qu'il fit imprimer l'année fuivante (1), avec une épître latine de fa façon. Guy Coquille, petit-neveu & filleul de Noël Le Bourgoing, dit, dans fon Hiftoire du Nivernois, qu'il étoit d'*excellent jugement, fcauoir & promptitude* (Biographie univerfelle, art. Noël Bourgoing). Dans fon teftament du 13 mai 1537, Noël demanda à être enterré dans la fépulture de fes pères, en une chapelle de l'églife St-Martin

---

(1) In-8° goth., Nicolas Hicman, 1535. — Paris, Jehan Real, 1546. | Voir Notes pour une bibliothèque nivernoife, par G. de Soultrait.

de Nevers. C'eſt dans cette chapelle que ſe trouvoit la plaque de bronze dont nous avons parlé plus haut ( Moreri. — Gallia chriſtiana ).

6. Marie Le Bourgoing, femme de Pierre Manoche.

7. Perrette Le Bourgoing, mariée à Pierre Moquot.

8. Jeanne Le Bourgoing, qui épouſa Jacques Perreau, écuyer, ſeigneur de St-Léonard.

9. Marguerite Le Bourgoing fut mariée à Vincent du Coing, ſeigneur de Grateiz & de Marigny, elle en eut une fille qui devint la femme de Jean de Lamoignon, de l'illuſtre famille de ce nom.

10. Paule Le Bourgoing épouſa Jean de St-Père, écuyer, ſeigneur de Vero (Gén. de Courvol).

VI. GUILLAUME LE BOURGOING, IV<sup>e</sup> du nom,

écuyer, naquit en 1469; il fut, comme ſes pères, lieutenant-général au bailliage de St-Pierre-le-Mouſtier. Nous le voyons à l'âge de vingt-cinq ans figurer, avec ſon père, parmi les rédacteurs de la première Coutume, en 1494; quarante ans plus tard, comme nous l'avons dit, il aida ſon frère Noël à rédiger les Coutumes définitives de la province. Guillaume vivoit encore en 1559. Il avoit épouſé Françoiſe Colleſſon, dont il eut :

1. Guillaume, dont l'article ſuit.

2. François Le Bourgoing, ſeigneur d'Agnon, fut,

en 1531, doyen du chapitre de Nevers, &, en 1534, premier prieur commendataire de St-Etienne de Nevers. Nous trouvons dans le Gallia christiana que François dissipa les biens de son prieuré, & qu'il fit passer au tribunal du duc le droit de justice haute, moyenne & basse, dont ce monastère avoit toujours joui. On rapporte du prieur de St-Etienne le trait suivant : Jacques Spifame, alors évêque de Nevers, étoit accusé de favoriser la religion réformée ; or, un jour de Pâques, en faisant communier les fidèles dans son église cathédrale, ce prélat, au lieu de prononcer les mots consacrés en présentant l'hostie, y substitua ceux-ci : « *Accipe figuram corporis D. N. Jesu Christi.* » Aussitôt il entendit ces mots retentir à son oreille : « *Mentiris impudentissime!* » & une main tomba sur sa joue. C'étoit François Le Bourgoing qui, assistant l'évêque, n'avoit pu souffrir cette substitution hérétique (Ste-Marie, Rech. hist. sur Nevers). Guy Coquille dit, dans son Histoire du Nivernois (éd. in-4, p. 340), « avoir veu en ses ieunes ans (il
« étoit né en 1523) M$^{re}$ François Le Bourgoing,
« doyen de l'église de Nevers, excellent en sca-
« uoir, preud'hommie & saincteté. »

3. François Le Bourgoing, chanoine de Nevers, embrassa les erreurs de la Réforme ; il se réfugia à Genève en 1556, il y devint ministre & il s'y maria. Le nouveau ministre se repentit bientôt de son

apoſtaſie, car Jean Bruneau, avocat à Gien, rapporte, page 18 de ſon Diſcours chrétien de l'antiquité & des vraies marques de l'Egliſe catholique (Paris, 1581), qu'il revint de Genève *bien pieſtre avec ſa femme, & vint à Gien.* « Je ſais, ajoute Bru-
« neau, la charge qu'il me donna avec grand
« prière, pour parler à ſes parents en la ville de
« Paris, qui ſont gens de bien & bien qualifiés,
« qui avoient un merveilleux regret de ſa chute,
« comme de ſa part il eût voulu ravoir la cha-
« noinie qui lui eût pu davantage ſervir que ſa
« femme. » Il ne put ravoir ſa *chanoinie,* car il étoit marié; il retourna donc à Genève, où il mourut dans ſon état de miniſtre. On a de lui les ouvrages ſuivants : *Paraphraſe ou Brième explication du catéchiſme.* Genève, 1564, in-8; & Lyon, Seb. Honorat, 1564, in-16. — *Hiſtoire eccléſiaſtique, extraite en partie des Centuries de Magdebourg.* Genève, 1560-1565, 2 vol. in-fol. — *Traduction de l'Hiſtoire de Flave Joſephe des antiquités judaïques.* Lyon, 1562, & Paris, 1570-1573 (Mémoires ſur le département de la Nièvre, t. III, p. 73).

4. Jeanne Le Bourgoing, née vers 1504, épouſa fort jeune François Thibault, écuyer, qui mourut bientôt, la laiſſant veuve à l'âge de dix-huit ans. Elle ſe remaria, à la fin de janvier 1522, avec Guillaume Coquille, ſeigneur de Romenay, dont elle eut, l'année ſuivante, le ſavant juriſconſulte

Guy Coquille. Elle mourut le 21 mars 1526. On remarque, dans la crypte de l'églife St-Aré de Decize, un retable en pierre fort mutilé, repréfentant des fcènes de la vie de Jéfus-Chrift, fur lequel figurent des écuffons aux armes des Coquille & des Bourgoing, & une frife ornée de coquilles & de croix ancrées, meubles héraldiques des blafons de ces deux familles. Ce retable fut donné par Guillaume Coquille & par fa femme. Difons à ce fujet qu'une chapelle, de la fin du XVe fiècle, de cette même églife de Decize, a fes nervures foutenues par des écuffons à une croix ancrée ; il eft certain que cette chapelle fut conftruite par la famille Le Bourgoing, mais nous ne favons auquel de fes membres on peut attribuer cette fondation (G. de Soultrait, Statiftique monumentale de la Nièvre, canton de Decize).

5. Marguerite Le Bourgoing époufa en 1523 Olivier Milet, écuyer, feigneur de la Chaftelette.

6. Charlotte Le Bourgoing, abbeffe de Notat.

VII. GUILLAUME LE BOURGOING, Ve du nom, écuyer, feigneur de Poiffons, d'Agnon, de Muffy, de Laleuf, de Sarpoil, de Chaillant, de Limanton, de la Douée, de Belleperche, de la Hautecour-Bourgoing, &c., exerça d'abord cette charge de lieutenant-général au bailliage de St-Pierre-le-Mouftier, qui étoit héréditaire dans fa famille; puis, ayant été reçu conseiller au Parlement de Paris, il prêta serment pour cette charge le 28 février 1522. Comme son père & son oncle, il travailla à la seconde rédaction de la Coutume du Nivernois (Coquille, Hiftoire du Nivernois). Il épousa, par contrat du 6 avril 1524, passé devant Dain & Dupré, notaires au Châtelet de Paris, Philippe Le Clerc, fille de Pierre Le Clerc, seigneur du Tremblay (1), conseiller au Parlement de Paris, & de Louise de Pierrevive. Guillaume Le Bourgoing mourut à Paris le 17 mars 1551 (Regiftres mortuaires de la paroisse St-André-des-Arcs).

M. le comte François de Bourgoing possède un magnifique portrait, peint sur volets par Le Primatice, de Guillaume Le Bourgoing & de sa femme, qui sont figurés à mi-corps, avec un fond d'architecture & des écus à leurs armes. Nous connoissons aussi un miffel manuscrit du XVe siècle, enrichi de belles enluminures, sur quelques feuillets duquel sont inscrits, de la main de leur père, les noms & les dates de naissance des enfants de Guillaume; on retrouve dans ce manuscrit les armes des Bourgoing, parties de celles des Le Clerc & de celles des Colleffon; l'écuffon qui offre cette dernière partition a pour supports des griffons. Ce manuscrit est actuellement possédé par Madame la comtesse de la Panouse, qui a bien voulu nous le commu-

---

(1) Le fameux confident du cardinal de Richelieu, le Père Joseph Le Clerc du Tremblay, appartenoit à cette famille, l'une des plus anciennes & des plus marquantes du Parlement de Paris.

niquer. Philippe Le Clerc vivoit encore en 1572; par un acte du 29 novembre de cette année, elle diftribua fes biens à fes nombreux enfants dont nous pouvons donner la lifte complète d'après le miffel mentionné ci-deffus :

1. Guillaume, dont l'article fuit.

2. Marguerite Le Bourgoing, née le 15 mai 1527, fut religieufe à l'abbaye de St-Antoine-des-Champs.

3. Marie Le Bourgoing fut auffi religieufe.

4. Jeanne Le Bourgoing, née le 12 octobre 1529, époufa Guillaume de Befançon, confeiller au Parlement de Paris.

5. Marie Le Bourgoing naquit le 18 février 1531; mariée à Pierre Roillard, confeiller au grand Confeil, elle étoit veuve en 1572.

6. Nicolas Le Bourgoing, écuyer, feigneur d'Agnon, né le 10 feptembre 1533, fut confeiller au grand Confeil en 1572. Il eut de Marie Guilloure, fa femme, un fils nommé Nicolas, qui fut auffi confeiller au grand Confeil.

7. Noël Le Bourgoing, écuyer, feigneur de Sichamps, fut chanoine & tréforier de l'églife de Nevers. Il mourut avant 1581.

8. Louis Le Bourgoing, feigneur de la Douée & du Bois-Henry, naquit le 25 janvier 1538. Il époufa, par contrat du 28 avril 1574, Jeanne de

la Platière, de la famille du maréchal de Bourdillon. Il mourut fans enfants en 1581.

9. Antoinette Le Bourgoing, née le 1er feptembre 1541, époufa Denis de Befançon, écuyer, feigneur de Timécourt, auditeur des Comptes.

10. Jacques Le Bourgoing, écuyer, feigneur de Poiffons, naquit le 18 mars 1543. Confeiller du roi & général en fa cour des Aides, il fut, en 1580, commiffaire député par S. M. pour le fait des francs fiefs ès pays & bailliages de Berry, de St-Pierre-le-Mouftier & de Nivernois (Marolles, Invent. man. des Titres de Nevers). C'étoit, dit La Croix du Maine (Bibliothèque françoife), « un homme docte ès-langues & verfé « en la poéfie latine. Il a écrit un jufte volume « de l'origine, ufage & raifon des mots & dic- « tions ufités ès-langues françoife, italienne & « efpagnolle ; ce livre eft écrit en latin, & l'épître « au roy, mife devant, eft en françois, le tout « imprimé à Paris, chez Etienne Prevofteau, l'an « 1583. Il florit à Paris cette année 1584. » Voici le titre exact du curieux ouvrage dont parle La Croix du Maine : *De origine vsv & ratione vvlgarivm vocvm lingvæ gallicæ, italicæ & hifpanicæ libri primi fiue A, centvria vna. Ad Henricvm tertivm chriftianiss. Galliæ & Poloniæ regem. Avctore I. B. Parifienfi confiliario regio. Parifiis, ex typ. Steph. Preuofteau, 1583, in-4.*

Jacques Le Bourgoing eut de sa femme N. Friche, d'une famille parlementaire de Paris :

A. Jean Le Bourgoing, écuyer, seigneur de Belleperche.

B. François Le Bourgoing, connu sous le nom du Père Bourgoing, célèbre théologien, né à Paris le 18 mars 1585. Reçu docteur en Sorbonne après de brillantes études, il fut nommé à la cure de Clichy près de Paris. En 1611, il résigna ce modeste bénéfice en faveur de Saint Vincent de Paul, pour s'adjoindre, lui quatrième, au cardinal de Bérulle qui fondoit en ce moment l'ordre de l'Oratoire. Dès-lors il fut activement employé à l'établissement de la nouvelle congrégation à Nantes, à Dieppe, à Rouen, & surtout dans les Pays-Bas. En 1641, le P. Bourgoing fut élu supérieur-général à la place du P. de Gondren, dont il avoit été le vicaire-général. Dans cette haute position, il se fit remarquer par son zèle ardent, & il promulgua de nombreux règlements destinés à maintenir la discipline dans l'ordre, & aussi à y augmenter le pouvoir du général ; mais cette vigilance minutieuse qu'il apportoit dans l'exercice de son autorité finit par lui susciter de nombreux ennemis, & il eut à se défendre contre des contradictions très-vives de la part de ses religieux. Fatigué de la lutte,

accablé par les ans & les infirmités, le P. Bourgoing se démit de son grade en 1661, & mourut le 26 septembre de l'année suivante. Il avoit été longtemps confesseur de Gaston duc d'Orléans. Bossuet prononça son oraison funèbre sur ce texte de l'épître première de saint Paul à Timothée, texte dont la famille de Bourgoing a retenu une partie pour devise de ses armes : *Qui bene præsunt presbyteri, duplici honore digni habeantur*. Voici en quels termes l'illustre évêque de Meaux parla de la famille Le Bourgoing : « N'attendez pas,
« chrétiens, que j'applique au P. Bourgoing
« des ornements étrangers, ni que j'aille
« chercher bien loin sa noblesse dans sa
« naissance, sa gloire dans ses ancêtres, ses
« titres dans l'antiquité de sa famille : car,
« encore qu'elle soit noble & ancienne
« dans le Nivernois, où elle s'est même
« signalée depuis plusieurs siècles par des
« fondations pieuses, encore que la grand'
« chambre du Parlement de Paris & les
« autres compagnies souveraines aient vu
« les Bourgoing, les Leclerc, les Friche,
« ses parents paternels & maternels, rendre
« la justice au peuple avec une intégrité
« exemplaire, je ne m'arrête pas à ces cho-
« ses, & je ne les touche qu'en passant.
« Vous verrez le P. Bourgoing illustre d'une
« autre manière, & noble de cette noblesse

« que faint Grégoire de Nazianze appelle fi
« élégamment la nobleffe perfonnelle, &c. »
(Boffuet, OEuvres complètes, Paris, 1778,
t. VIII, p. 15).

Le P. Bourgoing eft l'auteur de nombreux
ouvrages de piété & de difcipline eccléfia-
ftique, dont voici les titres : *Lignum crucis,*
deux éd. 1629 & 1630. — *Traitté chrono-
logiqve, contenant plufieurs remarques fur les
facerdoces des loix de la nature, &c.,* Paris,
1645, in-8. — *Ratio ftudiorum,* Paris,
1645, in-16. — *Directoire des miffions,* Paris, 1646. — *Veritates & fublimes excellen-
tiæ Verbi incarnati,* Anvers, 1629, in-8.
Cet ouvrage, traduit en françois fous ce
titre : *Vérités & excellences de J.-C.,* difpo-
sées par méditations & publié en 6 vol.
in-12, *Paris,* 1636, a eu jufqu'à trente éditions du vivant de l'auteur. — *Inftitutio fpi-
ritualis ordinandorum,* 1639. — *Méditations
fur les divers états de J.-C.,* Paris, 1648, in-8.
— *Homélies chrétiennes fur les évangiles des
dimanches & fêtes principales,* Paris, 1642,
in-8. — *Homélies des Saints fur le martyro-
loge romain,* 1651, 3 vol. in-8. — *Exercices
d'une retraite fpirituelle de dix jours,* Paris, Le
Petit, 1654, in-8. — *L'efprit de l'éminentif-
fime cardinal de Bérulle,* Paris, Le Petit, 1661,
in-8. Le P. Bourgoing édita, conjointement
avec le P. Gibieuf, en 1646, les OEuvres du

cardinal de Bérulle, qu'il fit précéder d'une préface & d'une épître dédicatoire. Il a publié en outre une Déclaration préfentée à la reine-régente par le R. P. Genval, de l'Oratoire, au nom de la congrégation, fur quelques points touchant le facrement de Pénitence. Les doctrines inférées dans cet écrit n'ayant point été approuvées dans une affemblée générale de l'ordre, le P. Bourgoing fut contraint de le défavouer (Boffuet, Oraifon fun. du P. Bourgoing.—Richard & Giraud, Bibl. facrée. — Guérard, La France littéraire. — Nouv. Biogr. univerfelle ).

11. Antoine Le Bourgoing, né le 24 février 1547, fut religieux à l'abbaye de St-Victor de Paris.

12, 13, 14, 15, 16. René, Jean, Gabriel, Anne & Marguerite Le Bourgoing, morts jeunes, *in cuneis defuncti* ( Miffel manufcrit ).

VIII. GUILLAUME LE BOURGOING, VI<sup>e</sup> du nom, écuyer, feigneur de la Douée & de Sichamps, naquit le 28 janvier 1525 Il fut confeiller du roi, préfident au bailliage & fiége préfidial de St-Pierre-le-Mouftier. Il époufa, par contrat du 15 juillet 1587, paffé devant Depardieu, notaire à Bourges, Catherine Sardé, fille de noble homme Pierre Sardé, feigneur de Ronzay & de Portaux, confeiller du roi en son grand Conseil, & de Jacqueline Thibouſt sa femme. Guillaume Le Bourgoing hérita sous bénéfice d'inventaire de son frère Louis, en 1582, puis il transigea avec Jeanne de la Platière, veuve dudit Louis. Il étoit mort en 1611, laiſſant deux enfants :

1. Jean, dont l'article ſuit.

2. Pierre Le Bourgoing, né à Nevers en 1609, se diſtingua, dès sa première jeuneſſe, par une piété vive ; il entra dans l'ordre des Recollets, au couvent de Nevers, où il mourut en odeur de sainteté le 26 janvier 1692. Sa vie avoit été des plus édifiantes ; elle fut écrite & envoyée à Rome, au Chapitre général des Recollets, pour être inſérée dans les Chroniques de l'ordre ( Arch. du château de Toury ).

IX. JEAN LE BOURGOING, III<sup>e</sup> du nom, écuyer,

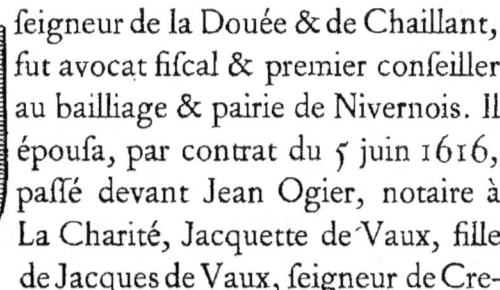

seigneur de la Douée & de Chaillant, fut avocat fiscal & premier conseiller au bailliage & pairie de Nivernois. Il épousa, par contrat du 5 juin 1616, paſſé devant Jean Ogier, notaire à La Charité, Jacquette de Vaux, fille de Jacques de Vaux, seigneur de Cremin, & de Catherine Peigné. Il rendit, le 6 février 1622, l'aveu & dénombrement de la seigneurie de Chaillant, mouvant du château de Grenand, à Françoise de Viry, veuve de Jean de Douet, écuyer, baron de Boiffeux, comme héritier de Guillaume Le Bourgoing fon père. Il fut échevin de Nevers en 1631. Trois ans plus tard, nous le voyons maintenu dans la poffeffion de la nobleffe, après l'avoir juftifiée, par fentence des élus de Nevers du 17 juillet 1634. Il fut ordonné que les pièces produites pour cette preuve feroient enregiftrées au greffe de cette élection; elles le furent le 20 août de cette même année. En conféquence il fut compris dans la lifte des nobles de l'élection de Nevers, lors de la recherche de M. de Caumartin, en 1635 (Arch. de la famille). Jean Le Bourgoing mourut en 1641; on voit, le 31 août de cette dernière année, la tutelle de fes enfants donnée par le lieutenant du bailliage de Nevers, à Jacquette de Vaux fa veuve, qui vivoit encore en 1670. Jean Le Bourgoing a compofé des ouvrages affez curieux, dont la Bibliothèque hiftorique de la France (t. II, p. 822) ne donne pas une defcription bien exacte; nous fommes à même de rectifier cette énumération, poffédant prefque tous ces ouvrages dans notre bibliothèque. En voici la lifte : *La Chaffe avx larrons ov eftabliffement de la Chambre de Ivftice*, f. l. n. d., in-fol.; f. l. n. d. (1615), in-4; & Paris, 1618, in-4. Cette dernière édition a un frontifpice gravé intéreffant. — *Le Financier à Meffieurs des Eftats*, f. l. n. d. (1615), in-4. — *Anti-pécvlat, épiftre préliminaire de l'hiftoire de la Chambre de Ivftice, eftablie l'année 1607*, f. l. 1620, & réimpr. moderne femblable. — *Offres ov Propofitions av roy pour faire ren-*

dre à Sa Majefté les deniers pris & volez par les officiers de fes finances, &c., f. l. n. d. (1623), in-4. L'auteur, homme fort au fait des affaires des financiers, dont il dreffoit les états de compagnie, offroit caution d'une certaine fomme, s'obligeant, fi on vouloit en faire une recherche exacte & fans acception de perfonnes, de faire rentrer dans les cinq premiers mois cinq millions, & trente dans un an, outre les confiscations des charges des coupables. — Le Preffoir des efponges dv roy, ov Epiftre préliminaire de l'hiftoire de la Chambre de Ivftice, &c., f. n. d. l., 1624, petit in-4, avec un frontifpice gravé affez curieux. — Le Défir dv pevple françois povr le bien de l'Eftat, f. l. n. d. (1625?), in-8. On avoit répondu aux premiers ouvrages de Jean Le Bourgoing par le livre fuivant : Le Tableau de la calomnie, en faveur des financiers, contre les impoftures de Bourgoin & de fes complices, par un cavalier françois, 1623, in-8; et, à fon tour, Bourgoing avoit publié le Financier réformé aux occafions des affaires du temps, 1623, in-8 (Bibl. hift. de la France).

Jean Le Bourgoing laiffa fix enfants :

1. Henri, dont l'article fuit.

2. François Le Bourgoing, écuyer, feigneur de Sichamps, époufa en premières noces, par contrat du 6 février 1668, paffé devant Collot, notaire à Nevers, Marguerite des Prés, fille de Chriftophe des Prés, écuyer, feigneur de Cou-

gny, & de Louife Millin, qui mourut peu de temps après. François fervit avec diftinction en Alface, faifant partie de l'efcadron de la nobleffe du Nivernois, en l'année 1674. Il fe remaria, par contrat du 3 janvier 1677, paffé devant Robelin, notaire à Nevers, à Françoife Bernard de Toury, fille de Guillaume Bernard de Toury, écuyer, feigneur de Toury-fur-Abron, & de Antoinette Enfert. François Le Bourgoing fut maintenu dans la poffeffion de la nobleffe par deux arrêts de la cour des Aides, l'un du 27 août 1681, l'autre du 10 juillet 1682. Il fut échevin de Nevers en 1690, puis, en 1696, il fit enregiftrer fes armoiries à l'Armorial général de France, & il mourut peu de temps après. Nous voyons fa veuve, l'année fuivante, faire enregiftrer fes armoiries au même Armorial. François Le Bourgoing n'eut pas d'enfants de fa première femme, mais il laiffa de la feconde :

A. Françoife Le Bourgoing, religieufe vifitandine à Nevers, naquit en 1678 & mourut en odeur de fainteté le 3 mai 1749, ayant paffé 54 ans dans fon couvent. Sa Vie a été imprimée en forme de lettre.

B. Guillaume Le Bourgoing, chanoine de l'églife de Nevers, appelé l'abbé de Sichamps.

C. Claude-Françoife Le Bourgoing naquit à Nevers le 13 février 1684; ayant fait les preuves de nobleffe néceffaires, preuves dont nous nous fommes fervis pour dreffer la préfente Généalogie, elle entra dans la maifon de St-Cyr au mois d'août 1692; elle mourut fans avoir été mariée.

D. Marie-Françoife Le Bourgoing, née à la fin du XVII<sup>e</sup> fiècle, époufa, par contrat du 8 feptembre 1717, paffé au château de Toury-fur-Abron, Aimé de Fomberg, écuyer, feigneur de Salin & de la Trouffaye.

E, F, G. Vincent, Gilbert & Claude Le Bourgoing.

3. Claude Le Bourgoing, écuyer, époufa Antoinette Sémelier, qui mourut avant 1659, lui laiffant deux enfants. En 1671, il fut échevin de Nevers &, trois ans après, il fe remaria avec Etiennette Pinet. En 1696, il fit enregiftrer fes armoiries à l'Armorial général de France. Il mourut le 15 juillet 1701.

(I<sup>er</sup> lit.) A. Philibert Le Bourgoing, écuyer, fut échevin de Nevers en 1690 & 1691; cinq ans après, il fit enregiftrer fes armoiries à l'Armorial général. Il mourut en 1709, fans laiffer d'enfants de Marie Hardy fa femme.

B. Marie Le Bourgoing fut mariée à Gafpard Arvillon, écuyer, feigneur du Sozay.

(II^e lit.) C. Jacquette Le Bourgoing, morte sans alliance.

D. Claude-Charles Le Bourgoing, écuyer, seigneur de Nion, épousa, par contrat du 31 décembre 1702, passé devant Descolons & Lagoutte, notaires à Nevers, Marie Bernard de Toury, fille de Guillaume Bernard, écuyer, seigneur de Toury-sur-Abron & de Etiennette Enfert. Il fit son testament en 1705, & mourut avant 1720, laissant :

    *a.* Françoise Le Bourgoing, mariée, par contrat du 31 janvier 1733, passé devant Gentil, notaire à Nevers, à Louis Bonnenfant, écuyer.

    *b.* Marie-Jacquette Le Bourgoing épousa par contrat du 17 janvier 1724, passé devant Vaillant & Gentil, notaires à Nevers, Pierre Richard de Soultray (1), écuyer, seigneur de Soultray & de Chamvé, fils de Joseph Richard de Soultray, écuyer, seigneur de Soultray, de Chamvé, de Sornay & de Magny, & de Claude-Jacquette Sallonnier de

---

(1) Antérieurement aux premières années du XVIII^e siècle, ce nom se trouve toujours écrit de cette manière ; ce fut Pierre Richard de Soultray qui le premier l'écrivit *Soultrait*, & cette orthographe a prévalu.

Nion, à qui elle apporta en dot la feigneurie de Toury-fur-Abron. Elle vivoit encore en 1789, car elle fut repréfentée à l'affemblée de la nobleffe du bailliage de Nivernois par fon fils Jean-Baptifte-Charles Richard de Soultrait, écuyer, chevalier de l'ordre royal & militaire de St-Louis, ancien capitaine aux dragons de Condé. Elle mourut peu de temps après.

E. Jean-Henri Le Bourgoing, écuyer, époufa Edmée Regnard.

4. Catherine Le Bourgoing époufa, par contrat du 30 janvier 1633, paffé devant Micaut, notaire à Nevers, François de Champs, écuyer, feigneur dudit lieu & de Champcourt, fils de François de Champs & de Madeleine des Prés.

5. Françoise Le Bourgoing fut mariée, par contrat du 19 octobre 1649, avec Pierre Pitoys, écuyer, feigneur de Quincize, bailli du comté de Château-Chinon & lieutenant en cette même élection, fils de Pierre Pitoys, écuyer, & de Denife de Champs. Françoife étoit veuve en 1697; nous la voyons, à cette époque, faire enregiftrer fes armoiries à l'Armorial général de France.

6. Jacquette Le Bourgoing époufa, par contrat du 1$^{er}$ février 1662, paffé devant Ponchet, no-

taire à Nevers, Joachim de Lange, chevalier, feigneur de Guérigny, fils d'Arnaud de Lange, chevalier, feigneur de Villemenant, de Civré & de la Croix-Rouffe, & de Marie de la Grange. Elle étoit morte en 1668.

X. HENRI LE BOURGOING, écuyer, feigneur de la Douée, d'Yonne, de Sichamps, de Maupertuis, de Vinghueux, de Morange & du Vernay, fut baptifé le 6 octobre 1624. Il fut maître des requêtes ordinaire de l'hôtel du duc d'Orléans; il époufa, par contrat du 1er février 1651, paffé devant Archambaud, notaire à Bourges, Catherine Taillon, fille de Jean Taillon, feigneur d'Yonne, confeiller au bailliage & fiége préfidial de Bourges, & de Françoife Le Large. Henri Le Bourgoing en appela de l'impofition & taxe frappée fur lui par les élus de La Charité, & prouva fa nobleffe en 1659. Il fut maintenu par un arrêt de la cour des Aides, rendu le 10 juillet 1662; en outre, un jugement rendu à Moulins le 26 juin 1667, par M. Lambert d'Herbigny, commiffaire député par le roi pour la recherche des ufurpateurs de la nobleffe dans les généralités de Moulins & de Bourges, le déclara noble & iffu de noble race. Il laiffa fept enfants :

1. Henri Le Bourgoing, écuyer, feigneur de Vin-

ghueux, fut capitaine au régiment de l'Ile-de-France.

2. Claude Le Bourgoing, écuyer, feigneur de Morange.

3. Jean-François Le Bourgoing, écuyer, feigneur de Magny & de Charly, époufa Marie de Bonneftat, veuve de François des Prés, écuyer, dont il eut deux fils :

>    A. Claude-Hubert Le Bourgoing, écuyer, dit le chevalier de la Berge, capitaine au régiment de Pons, mourut fans avoir été marié.
>
>    B. Jofeph Le Bourgoing, écuyer, dit le chevalier de Bourgoing, capitaine au régiment d'Harcourt & chevalier de St-Louis, mort fans alliance.

4. Claude-Antoine, dont l'article fuit.

5. Guillaume Le Bourgoing, écuyer, feigneur de Maupertuis, époufa Marie Gougnon, dont il eut un fils marié à Suzanne de la Porte d'Iffertieux, d'une des plus anciennes familles du Berry.

6. Noël Le Bourgoing, écuyer, feigneur du Vernay.

7. Catherine-Appolline Le Bourgoing, mariée à Jofeph Briffon, feigneur de Gionne, lieutenant de la vénerie du roi.

## XI. CLAUDE-ANTOINE LE BOURGOING,

écuyer, seigneur de la Douée & de Vinghueux, baptisé à Bourges le 20 mai 1662, épousa, par contrat du 6 septembre 1699, passé devant Sauget, notaire, Diane-Françoise Damond, fille d'Antoine Damond, seigneur de Chevanne, & d'Olympe Solidi, dont il eut :

1. Philippe, dont l'article suit.
2. Claudine Le Bourgoing épousa, le 26 février 1732, François du Verne, chevalier, seigneur de la Varenne, chevalier de St-Louis, dont une fille, nommée Françoise, mariée à Guillaume-Antoine du Broc, écuyer, seigneur de Segange.
3. Jacques Le Bourgoing, écuyer, garde-du-corps du roi, mourut sans alliance.
4. Marie-Louise Le Bourgoing mourut en 1770 sans avoir été mariée.
5. Antoine Le Bourgoing, écuyer, épousa Marguerite Dougny, dont :

   A. Jean-François Le Bourgoing, dit de Moledon, auteur d'une branche fixée en Amérique.

   B. Louise Le Bourgoing, mariée en 1770, à Jean-François Barberini.

XII. **PHILIPPE DE BOURGOING** (1), écuyer, seigneur du Vernay, naquit au mois d'août 1711. Il entra au service & fut lieutenant de cavalerie au régiment de Broglio, puis garde-du-corps, avec la commission de capitaine, & chevalier de St-Louis. Il épousa, par contrat du 7 novembre 1745, passé devant Gentil, notaire royal à Nevers, Marie-Anne Marcellin, fille de Pierre Marcellin, conseiller du roi à Gannat, & de Marie Carruchet, dont il eut :

1. Jean-François, dont l'article suit.

2. Joseph-Marie de Bourgoing, né à Nevers le 6 mars 1750, fit ses preuves de noblesse & entra à l'Ecole militaire où il fut tué, par accident, d'un coup de pierre, en 1761.

3. François-Philippe de Bourgoing, écuyer, seigneur de la Baume, chevalier des ordres royaux & hospitaliers de St-Lazare & de N.-D.-du-Mont-Carmel, connu sous le nom de M. de la Baume, naquit à Nevers le 23 août 1751. Entré à l'Ecole militaire avec ses deux frères, il devint capitaine au régiment d'Aquitaine ; puis,

---

(1) Nous avons dit qu'à partir du milieu du xviii<sup>e</sup> siècle on avoit commencé à écrire le nom de la famille *de Bourgoing* (Voir les Almanachs royaux & les Etats militaires du temps).

après avoir quitté le service, il épousa en 1789 Marie-Céleste Marion de Givry. Nous le voyons à cette époque faire partie de l'assemblée de la noblesse du Nivernois, aux élections pour les Etats généraux. Il mourut à Nevers le 14 septembre 1812.

> A. Marguerite-Victoire-Victorine de Bourgoing mariée, en 1813, à Fréderic Flamen d'Assigny, chevalier de la Légion-d'Honneur, capitaine d'artillerie, aide-de-camp du général comte Sorbier, son oncle. Elle mourut à Nevers en avril 1848.
>
> B. Joseph de Bourgoing, mort jeune.
>
> C. Pierre-Prudent-Adolphe de Bourgoing naquit à Nevers le 19 mars 1797. Il fut garde-du-corps, puis officier de chasseurs à cheval; il fit avec distinction la campagne d'Espagne de 1823; deux fois mis à l'ordre du jour du 4e corps d'armée, en Catalogne, il reçut la croix de la Légion-d'Honneur & celle de St-Ferdinand d'Espagne. Il quitta le service, comme capitaine de cavalerie, en 1829. Après avoir été longtemps membre & secrétaire du conseil général & du conseil aca-

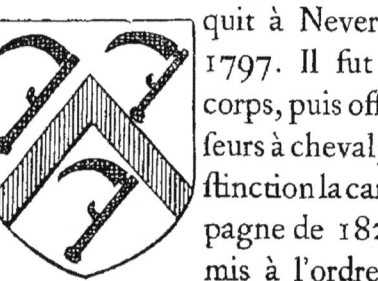

démique de la Nièvre, M. de Bourgoing a été appelé, en 1853, à la préfecture du département de Seine-&-Marne. Il a épousé, en 1827, Marie-Théonie de Faulong, fille de Théodore de Faulong, d'une noble & ancienne famille de Gascogne, alliée à la maison d'Albret, & de Eugénie de Foudras, dont il eut deux enfants. Il est auteur de l'ouvrage suivant : *L'Espagne, souvenirs de 1823 & de 1833*, Paris, P. Dufart, 1834, in-8; & de deux opuscules : *Mémoire en faveur des travailleurs & des indigents de la classe agricole*, &c. Nevers, 1844, in-8. — *Appel à tous sur les moyens de procurer du travail aux ouvriers & des secours aux indigents*. Nevers, 1846, in-16.

   *a.* Philippe de Bourgoing, né à Nevers le 22 octobre 1827, est écuyer de l'empereur, commandeur de l'ordre du Christ de Portugal, & chevalier de l'ordre royal d'Isabelle-la-Catholique d'Espagne.

   *b.* Inès-Bénédicte de Bourgoing, née le 14 avril 1829, a épousé, en 1850, Henri Couderc de St-Chamant, receveur général des finances. Elle est morte à Metz le 11 novembre 1854.

### XIII. JEAN-FRANÇOIS, BARON DE BOURGOING,

né à Nevers le 20 novembre 1748, fit, comme fes frères, fes preuves de nobleffe & entra à l'Ecole militaire ; puis, à l'âge de feize ans, il fut envoyé à l'univerfité de Strafbourg, où fe formoient, par l'étude du droit public, les jeunes gens deftinés à la diplomatie. Au fortir de cette école, il fut officier au régiment d'Auvergne, puis attaché, comme fecrétaire, à la légation de France près la diète de Ratisbonne ; devenu fecrétaire de l'ambaffade d'Efpagne, il refta fept ans dans ce pays (1777-1785), & il y recueillit les matériaux de fon Tableau de l'Efpagne moderne. En 1787, il fut major du régiment du duc d'Angoulême & miniftre de France près le cercle de Baffe-Saxe. Nous le voyons figurer comme feigneur de Charly dans la lifte de la nobleffe du Nivernois, lors de l'élection des députés aux Etats généraux en 1789 ; il fut repréfenté à cette affemblée par fon beau-frère, le marquis de Prévoft de la Croix. Deux ans après, il fut envoyé près la cour de Madrid ; revenu dans fa patrie lors de la rupture de la France & de l'Efpagne, il paffa dans la retraite le temps de la Terreur. Après la mort de Robefpierre, quand le gouvernement républicain conçut l'efpoir de traiter avec l'Efpagne, Bourgoing fut jugé plus capable que perfonne de remplir cette miffion délicate ; il partit donc pour le quartier général de l'armée des Pyrénées-Orientales, & il y entama les négociations qui fe terminèrent par le traité de paix figné à Bâle (1795). Cette miffion remplie, Bourgoing rentra dans la vie privée, & fe confacra à des travaux littéraires jufqu'à l'époque où le premier conful, faifant appel au concours des hommes honorables & expérimentés, le défigna pour le pofte de Copenhague, d'où il paffa bientôt à celui de Stockholm. Ayant eu, dans un difcours public, l'imprudence de faire une allufion prématurée à la tranfformation de la république en monarchie, il fut rappelé en 1803. Sa difgrâce fut courte : fon fils aîné ayant fixé l'attention de l'empereur par une action d'éclat, & demandé pour toute récompenfe la mife en activité de fon père, Napoléon confia à Bourgoing la légation de Saxe. En cette qualité, il affifta au congrès d'Erfurt. Il mourut aux eaux de Carlsbad, le 20 juillet 1811. Il étoit baron de l'Empire, commandeur de la Légiond'Honneur, chevalier de St-Louis & de Notre-Damedu-Mont-Carmel, commandeur de l'Etoile polaire de Suède, & correfpondant de l'Inftitut de France. Il avoit époufé, en 1785, Marie-Benoîte-Joféphine de Prévoft de la Croix, chanoineffe du chapitre noble de Leigneux en Forez, fille de Gafpard-Antoine, comte de Prévoft de la Croix, & d'Agathe de Vaux, dont il eut fix enfants. Sa veuve fut appelée en 1820 à la furintendance de la maifon royale de St-Denis, qu'elle dirigea pendant dix-fept ans, & où elle a laiffé les plus honorables fouvenirs. Elle eft morte le 11 février 1838.

Bourgoing a publié les ouvrages suivants : *De l'Education des princes destinés au trône*; traduit de l'allemand de Basedow. *Yverdon*, 1777.— *Correspondance d'un jeune Militaire*, 1778, 2 vol. in-12. Ce roman eut deux éditions. — *Tableau de l'Espagne moderne*. *Paris*, 1789, 1797, 1803, & 1807, 3 vol. in-8 & atlas in-4. Cet ouvrage, justement estimé, a été traduit en anglois, en danois & en allemand. — *Quelques Notices sur les premières années de Buonaparte;* traduit de l'anglois. *Paris*, an VI, in-8. — *Mémoires historiques & philosophiques sur Pie VI & son pontificat, jusqu'à sa retraite en Toscane*. *Paris*, an VII & an VIII; & traduit en anglois, *London*, 1799, 2 vol. in-8. — *Botanique pour les femmes;* traduite de l'allemand du docteur Batsch. *Paris*, an VII, in-8. — *Histoire des flibustiers;* trad. de l'allemand de W. d'Archenholtz. *Paris*, 1804, in-8. — *Histoire de l'empereur Charlemagne;* traduit de l'allemand de Hegewisch. *Paris*, 1805, in-8. — *Correspondance de Voltaire & du cardinal de Bernis, depuis* 1761 *jusqu'à* 1777. *Paris*, an VII, in-8. — *Vie du comte de Munich;* traduit de l'allemand de Hamel. *Paris*, 1807, in-8. — *Voyage du ci-devant duc du Châtelet en Portugal*. *Paris*, an VI & an IX, 2 vol. in-8, fig. — Il a en outre fait paroître, sans y mettre son nom, de 1789 à 1792, quelques petites brochures politiques : Le *Domine salvum fac regem*, 1789; Le *Pange lingua*, 1789; *Le Cri de douleur, ou la Journée du 20 juin* 1792, &c.

1. Armand-Marc-Joseph, dont l'article suit.

2. Erneſtine-Gaſpardine de Bourgoing, mariée en 1820 à Jacques-Etienne-Joſeph-Alexandre Macdonald, duc de Tarente, pair & maréchal de France, chevalier-commandeur des ordres du roi, grand'croix de St-Louis & de la Légion-d'Honneur, &c. Elle mourut en 1825, laiſſant un fils, actuellement chambellan de l'Empereur & l'un des ſecrétaires du Corps légiſlatif.

3. Paul-Charles-Amable, baron de Bourgoing, naquit à Hambourg le 19 décembre 1791. Officier aux tirailleurs de la garde impériale, il fit la campagne de Ruſſie, puis celles de 1812, de 1813 & de 1814; aide-de-camp du maréchal duc de Tréviſe, il gagna la croix de la Légion-d'Honneur à la bataille de Dreſde. Il entra dans la carrière diplomatique en 1816, & fut ſucceſſivement ſecrétaire de légation & chargé d'affaires à Berlin, à Munich & à Copenhague. Il venoit, en 1828, d'être nommé premier ſecrétaire d'ambaſſade à St-Pétersbourg, lorſque éclata la guerre entre la Turquie & la Ruſſie ; il ſe rendit au quartier général de l'empereur Nicolas, & il prit une part active à la campagne : ce fut lui

qui conftruifit les fortifications du camp devant Siliftrie; il commanda divers corps ruffes, entre autres l'avant-garde des Cofaques le jour de l'inveftiffement de la place. L'empereur, pour reconnoître les fervices que M. de Bourgoing avoit rendus dans cette guerre, lui donna une épée d'honneur en or, avec l'infcription: *Pour la bravoure*. Il étoit chargé d'affaires à Pétersbourg lorfqu'on y reçut la nouvelle de la révolution de 1830; la bonne attitude qu'il fut conferver dans ce moment critique, & l'amitié qu'avoit pour lui l'empereur Nicolas, contribuèrent puiffamment à calmer la première émotion que caufoit à ce prince la chute de Charles X, & à empêcher une rupture qui eût été le fignal d'une guerre générale. Miniftre plénipotentiaire en Saxe en 1832, puis en Bavière en 1835, le baron de Bourgoing fut élevé à la pairie en 1841. Démiffionnaire lors de la révolution de 1848, il fut, à la fin de 1849, nommé ambaffadeur en Efpagne; il occupa ce pofte jufqu'en feptembre 1851. M. de Bourgoing fiége au fénat depuis le mois de janvier 1853. Il eft grand-officier de la Légion-d'Honneur, grand'croix des ordres de Charles III d'Efpagne, des Guelphes d'Angleterre & de Hanovre, de St-Michel de Bavière, d'Albert-le-Magnanime de la Saxe royale, d'Erneft-le-Pieux de la Saxe ducale & de Danebrog de Danemark;

commandeur des ordres de Ste-Anne de Ruſſie & de Léopold de Belgique, & chevalier de l'Epée de Suède.

Il a épouſé en premières noces, par contrat paſſé devant Mᵉ Clauſſe, notaire à Paris, le 20 mai 1834, Louiſe-Clariſſe de Montbrun, fille du général comte de Montbrun & d'Anatole de Morand; & en ſecondes noces, par contrat paſſé le 15 ſeptembre 1836, devant Mᵉ Hungeſthauſen, notaire à Munich, Ida de Lotzbeck, fille du baron de Lotzbeck-Weyhern, pair de Bavière & chambellan du roi, & de Henriette Sautier. Il eut des enfants de ces deux mariages.

M. de Bourgoing a publié les ouvrages ſuivants : *Le Priſonnier en Ruſſie*. Paris, 1815, in-12. — *Tableau de l'état actuel & des progrès probables des chemins de fer de l'Allemagne & du continent européen*. Paris, 1842, carte. — *Les Guerres d'idiome & de nationalité*. Paris, 1849, in-8. — *Politique & moyens d'action de la Ruſſie*. Paris, 1849, in-8. — *Aperçus nouveaux de politique internationale*. Paris, 1852, in-8.

(Iᵉʳ lit.) A. Marie-Antoinette-Joſéphine de Bourgoing, née à Dreſde le 26 mars 1835, mourut à Paris le 11 mars 1854.

(IIᵉ lit.) B. Inès-Henriette-Ida-Joſéphine-Louiſe-Erneſtine de Bourgoing, née à Munich le 2 juillet 1837, a été nommée, en mai 1854, dame de l'ordre de Thérèfe de Bavière.

C. Othon-Othelin-Fabio-Honoré-Paul-Charles-François de Bourgoing, né à Munich le 26 novembre 1839.

4. 5. 6. Alexis, Inès & Laure de Bourgoing, morts jeunes.

7 Louis-Honoré de Bourgoing naquit au château de Germancy le 29 février 1796. Deftiné, comme fes frères, à la carrière militaire, il fut, en 1811, page de l'Empereur, puis, deux ans après, fous-lieutenant de lanciers. Il a fait les campagnes de France (1814), de Belgique (1815), d'Efpagne (1823) & de Belgique (1831-1832). En 1841, M. de Bourgoing fut appelé au commandement du 1er régiment de dragons; il eft maintenant colonel commandant la place de Lorient, officier de la Légion-d'Honneur, commandeur de l'ordre d'Ifabelle-la-Catholique, & chevalier de l'ordre de Charles III d'Efpagne. Il a époufé, le 21 juin 1831, Anna Billault, dont il a deux fils :

A. Louis-Charles de Bourgoing, né le 30 novembre 1832, élève à l'Ecole de St-Cyr en 1850, puis fous-lieutenant au 22e régiment de ligne.

B. Manfred-Honoré-Paul-Alexis-Camille de Bourgoing, né le 20 août 1838.

### XIV. ARMAND-MARC-JOSEPH COMTE DE BOURGOING

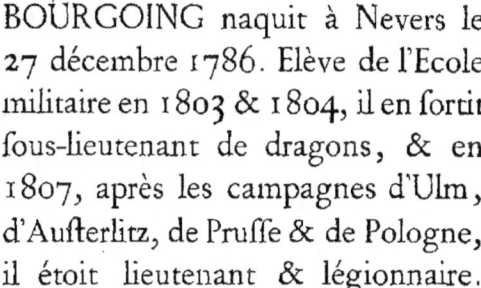

naquit à Nevers le 27 décembre 1786. Elève de l'Ecole militaire en 1803 & 1804, il en fortit fous-lieutenant de dragons, & en 1807, après les campagnes d'Ulm, d'Aufterlitz, de Pruffe & de Pologne, il étoit lieutenant & légionnaire. Aide-de-camp du général comte de Laurifton, puis du maréchal Ney, il fit les campagnes d'Efpagne, d'Autriche & de Ruffie; il y gagna le grade de chef d'efcadron & la croix d'officier de la Légion-d'Honneur. Fait prifonnier par les Ruffes, il fut envoyé à Cafan, puis renvoyé en France en 1814. Bourgoing refta alors en difponibilité jufqu'à la formation du corps royal d'état-major; en 1819 il fut attaché à la première divifion militaire, puis fait lieutenant-colonel pendant la guerre d'Efpagne de 1823, & chef d'étatmajor de la divifion de cavalerie du général vicomte Valin. La carrière militaire de M. de Bourgoing fut des mieux remplies; élevé au titre de comte par ordonnance royale du 14 mars 1830, il étoit à cette époque commandeur de la Légion-d'Honneur, chevalier des ordres de St-Louis, de St-Ferdinand d'Efpagne, de l'Epée de Suède & de St-Henri de Saxe. Il avoit épousé, par contrat du 17 juillet 1820, paffé devant Mᵉ Griois, notaire à Paris, Marie-Olive-Bernardine Defmouffeaux de Givré, fille du baron Defmouffeaux, ancien préfet de l'Empire & ancien membre de la Chambre des Repréfentants, & de Charlotte Stillière. Il mourut le 26 février 1839, laiffant deux fils :

1. Jean-François-Guillaume, dont l'article fuit.
2. Charles-Paul-Othelin vicomte de Bourgoing naquit le 11 octobre 1823. Entré à l'Ecole militaire en 1842, il en fortit fous-lieutenant au 54ᵉ régiment de ligne. Il a fait deux campagnes en Afrique, & il eft actuellement capitaine au 1ᵉʳ régiment de la légion étrangère, au fiége de Sébaftopol. En 1851, il a été décoré de l'ordre royal & militaire de St-Ferdinand d'Efpagne.

XV. JEAN-FRANÇOIS-GUILLAUME COMTE DE BOURGOING, né le 16 mai 1821, embraffa la carrière diplomatique dans laquelle fon grand-père & fon oncle s'étoient diftingués. Succeffivement attaché au miniftère des affaires étrangères & fecrétaire d'ambaffade à Turin & à Rome, il fut deux fois chargé d'affaires près la cour de Sardaigne, en 1846 & en 1847. Il a donné fa démiffion lors de la révolution de 1848. Chevalier de la Légion-d'Honneur en mars 1847, il a depuis été décoré de l'ordre royal d'Ifabelle-la-Catholique d'Efpagne.

# LE BOURGOING

SEIGNEURS DE FOLIN (1), DE CHAMPLEVRIER, DE BOUX,
DU FAUX, DE MONTBENOIST, DU COLOMBIER DE SCEAUX, DE BRUERES,
DU PLESSIS, DE CHISY-LE-GROS, DE BISSY,
DE LICHERES, DE LUCY-SUR-YONNE, DE MONTCHALON, DE GRISIGNY,
DE PONCEAUX, DE COULANGES-SUR-YONNE, DE CHARENTON,
DU SOUCHET, DE LA GRANGE-FOLLE ;
MARQUIS DE FOLIN.

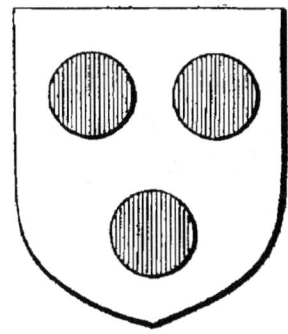

Armes : d'argent, à trois tourteaux de gueules (2).

Nous avons expofé, au commencement de cette Notice, les raifons qui nous font penfer que cette famille a une origine commune avec la précédente. Nous donnons la filiation qui suit d'après une généa-

---

(1) Il ne faut pas confondre cette branche de la famille Le Bourgoing avec une famille Folin, marquis de Folin, en Bourgogne, par lettres du mois d'avril 1717, dont l'auteur Jean Folin, feigneur en partie de Ternant, étoit en 1593 confeiller au Parlement de Dijon. (V. le Calendrier de la Nobleffe pour 1763 ; — le Dictionnaire de la Nobleffe de France, de Courcelles, & le Mercure armorial de Segoing.)

(2) Vertot, Hift. de Malte. — Généalogie extraite du cabinet d'Hozier. — Inventaire des Titres de Nevers aux manufcrits de la Bibl. imp. — Preuves de Malte à la Bibliothèque de l'Arfenal, t. III.

logie manuscrite provenant du cabinet du généalogiste d'Hozier, conservée dans les archives de la famille, & d'après les preuves faites, en 1663, par Pierre Le Bourgoing de Folin, pour être reçu chevalier de Malte; preuves dont une copie se trouve dans le tome III du Catalogue des chevaliers de l'ordre de St-Jean-de-Jérusalem, à la bibliothèque de l'Arsenal.

II. GUILLAUME LE BOURGOING, écuyer, seigneur de Champlévrier, second fils de Guillaume I$^{er}$ & frère de Jehan Le Bourgoing, auteur de la branche du Vernay, épousa, avant 1355, Isabeau de Retoulles, dont il eut deux enfants :

1. Jean, qui suit.
2. François Le Bourgoing, prieur de St-Pierre de Decize en 1373 (Arch. de Decize).

III. JEAN LE BOURGOING, écuyer, seigneur de Folin (1), de Champlévrier & du Faux, vivoit en 1389; il eut de sa femme Marguerite de Rodon :

---

(1) Le château de Folin, dont l'Album du Nivernois, t. II, p. 84, & l'Annuaire de l'Yonne de 1851, p. 280, ont donné des dessins, se trouve sur les bords de l'Yonne, dans une position des plus pittoresques. C'est, dit M. V. Petit dans son Guide pittoresque dans l'Yonne, une élégante construction de la fin du XV$^e$ siècle, élevée probablement sur l'emplacement d'une très-ancienne forteresse. La seigneurie de Folin faisoit autrefois partie du Nivernois; ce lieu est actuellement du département de l'Yonne, il est compris dans la commune de Lichères, autre ancien fief de cette branche des Le Bourgoing.

1. Pierre, dont l'article suit.
2. Othelin Le Bourgoing, chevalier, époufa Jeanne de la Motte, fille de Guillaume de la Motte, écuyer, feigneur de Beauvilliers, & de Jeanne de Railly. A la fin du XIV<sup>e</sup> siècle, il commandoit dix lances pour le fervice du roi Charles V, comme l'attefte la charte fuivante confervée en original dans les archives de M. le baron de Bourgoing :

Charles par la grace de Dieu Roy de France a noz amez et feaulx les generaulx confeilliers a Paris fur le fait des aides ordenez pour la guerre falut et dilection. Nous voulons et vous mandons que payez et deliuriez a notre amé et feal chevalier Ottenin Bourgoing les gaiges ordenés pour dix lances au quel nombre nous lauons retenu et retenons par ces prefentes pour nous feruir en ces prefentes guerres foubz la charge de notre amé et feal chevalier Chambellan et confeillier Nicole Paynel felon la montre et reueue des gens qui fera faicte jufques audit nombre en prenant les quels gaiges fur les deniers des dix aides par la main du receueur general diceulx il en fera defchargé en fes comptes en rapportant ces prefentes lettres auecques quittance dudit Ottenin. Car ainfi le voulons eftre fait. Donné a Paris *le 7ᵉ jour de juing l'an de grace mil trois cent quatre ſingz & quinze et le quinzieſme de notre regne. Par le Roy Monſieur le Duc de Bourbonnois le Patriarche d'Alexandrie et pluſieurs autres preſentz. Signé Yuot.*

Othelin eut une fille, Charlotte Le Bourgoing, fille d'honneur de la reine Marie d'Anjou, mariée, en 1455, à Jean Soreau, écuyer, ſeigneur de St-Géran-de-Vaux & de St-Loup en Bourbonnois, grand-veneur de France, fils de Jean Soreau, écuyer, ſeigneur de Coudun, & de Catherine de Maignelais, frère de la célèbre Agnès Sorel. A l'occaſion de cette alliance & en reconnoiſſance des bons ſervices de Charlotte, la reine lui fit don de 2,000 livres (Hiſt. des grands off. de la Couronne, t. VIII, p. 701).

3. Philippe Le Bourgoing, écuyer.
4. Jeannette Le Bourgoing, femme de Jean de Biches, écuyer (Invent. des Titres de Nevers).

IV. PIERRE LE BOURGOING, écuyer, ſeigneur de Folin & de Champlévrier, partagea les biens paternels avec ſes frères, en 1409; cet acte de partage fait connoître le nom de ſa femme, Guillemette de Saulce, qui lui donna pluſieurs enfants:

1. Philibert, dont l'article ſuit.
2. Guillaume Le Bourgoing, prieur de St-Pierre de Decize en 1427 (Arch. de Decize).

3. Guyot Le Bourgoing, écuyer, seigneur de Champlévrier & de Montbenoiſt, étoit en 1441 maître d'hôtel du comte de Nevers. En 1488, il rendit foi & hommage au comte de Nevers pour ſon fief de Montbenoiſt, & l'année d'après il ſe démit de ſa charge de capitaine de la ville & tour de Cercy en faveur de Claude Le Bourgoing ſon neveu. Sa femme, Françoiſe de Marcy, mourut jeune ſans lui laiſſer de poſtérité.

4. Jean Le Bourgoing fut prieur de St-Pierre de Decize après ſon frère Guillaume, en 1441.

5. Aré Le Bourgoing, curé de Chaſſenay en 1449.

6. Pierre Le Bourgoing, écuyer, ſeigneur de Boux, épouſa, par contrat du 2 avril 1467, Jeanne Boutillat dont il avoit, en 1488, quatre enfants : Philippe, Pierre, François & Philibert.

V. PHILIBERT LE BOURGOING, écuyer, ſeigneur de Folin, de Champlévrier, du Colombier de Sceaux & du Pleſſis, fut échanſon de l'hôtel de Charles de Bourgogne, comte de Nevers, grand-gruyer de l'Auxerrois & de la Bourgogne, premier écuyer du comte d'Etampes, & capitaine & gouverneur de la ville de Luzy en Nivernois. Il avoit épouſé, par contrat du 4 février 1440, paſſé devant Pierre Moreau, notaire à Nevers, Jeanne Le Tort, fille du ſeigneur de Boiſvert. Il mourut avant 1477, laiſſant dix enfants :

1. Philibert Le Bourgoing, prieur de St-Pierre de Decize en 1469 (Arch. de Decize).
2. Jean, dont l'article fuit.
3. Charles Le Bourgoing étoit confeiller & maître des requêtes de l'hôtel du roi en 1484.
4. Guillemette Le Bourgoing, mariée, en 1477, à Jean Dupré, écuyer.
5. Claude Le Bourgoing, écuyer, étoit pannetier du comte de Nevers en 1477 (Inv. de Marolles); il devint enfuite gouverneur & capitaine de Cercy-la-Tour, après la démiffion de fon oncle Guyot, par lettres expédiées le 15 octobre 1489. Il eut de fa femme, dont on ignore le nom :

    A. Jeanne Le Bourgoing, mariée à Philibert Le Bourgoing, fon coufin germain, comme nous le verrons plus bas.

6. François Le Bourgoing.
7. Marie Le Bourgoing, mariée 1º à Pierre de la Chaume, écuyer, & 2º à Philibert Olivier, feigneur de la Vallée-des-Granges & de St-Eloi.
8. Catherine Le Bourgoing, mariée, en 1489, à Jean de Chanteloup, écuyer.
9. Jeanne Le Bourgoing fut la 27ᵉ abbeffe de l'abbaye de Notre-Dame de Nevers, de l'ordre de St-Benoît; elle fut nommée en 1499, mais elle ne prit poffeffion de fon abbaye que le 6 feptembre 1501. Elle défendit virilement les droits

de son monastère contre l'évêque de Nevers; elle y établit, en 1510, la fête de la Présentation de la Vierge, &, en 1517, celles de la Visitation & de la Compassion. Elle mourut le 6 des calendes de septembre 1533 (Gallia christiana).

VI. JEAN LE BOURGOING, écuyer, seigneur de Folin & de Champlévrier, fut d'abord écuyer tranchant du comte de Nevers (Mss. de Marolles); il épousa, par contrat du 11 novembre 1485, passé devant Guillaume Courton & Jean Bougars, notaires à Moulins-Engilbert, Madeleine du Pontot; l'année suivante il étoit capitaine de Decize (Arch. de Decize). Il laissa six enfants :

1. Jean Le Bourgoing, écuyer, épousa N. d'Anlezy.
2. François Le Bourgoing, écuyer, seigneur du Colombier de Sceaux & de Bruères.
3. Louise Le Bourgoing épousa N. des Guerres, écuyer, seigneur d'Héry & de Montedon.
4. Charles Le Bourgoing, prieur de Branches.
5. Léonard Le Bourgoing, prieur de St-Etienne de Nevers de 1567 à 1576.
6. Philibert, dont l'article suit.

VII. PHILIBERT LE BOURGOING, écuyer, seigneur de Folin, de Champlévrier & de Chisy-le-Gros, épousa, par contrat du 14 mars 1528, passé devant Valez, notaire à Nevers, Jeanne Le Bourgoing sa cousine, mentionnée ci-dessus, dont il eut :

1. Gabriel, dont l'article fuit.
2. Paule Le Bourgoing époufa, en 1559, Antoine de la Mouffe, écuyer, feigneur de Plaifance.
3. Anne Le Bourgoing, mariée à Gilbert du Creft, feigneur de Pommay. Elle étoit veuve en 1585.

VIII. GABRIEL LE BOURGOING, écuyer, feigneur de Folin, de Champlévrier, de Lichères, de Lucy-fur-Yonne, de Montchalon, de Grifigny & de Ponceaux, époufa, par contrat du 4 avril 1558, Louife d'Efguilly, fille de Claude d'Efguilly, chevalier, feigneur d'Efguilly & de Chaffy en Morvan, & de Louife de Varigny. Nous trouvons dans l'Inventaire manufcrit des Titres de Nevers, de l'abbé de Marolles, mention d'un aveu & dénombrement de la feigneurie de Folin rendu par lui au comte de Nevers, en 1585; ce dénombrement étoit fcellé de fon fceau dont l'écu portoit trois tourteaux. Gabriel laiffa deux enfants :

1. François, dont l'article fuit.
2. Louife Le Bourgoing époufa, par contrat du 29 mars 1580, paffé fous le fcel de la prévôté de St-Pierre-le-Mouftier, devant de Laveu, notaire, Guillaume d'Affigny, chevalier, feigneur du Fort, du Pont-Marquis, &c., dont elle eut une fille, Françoife, mariée à Jean-Baptifte de Melun, feigneur de Dannemois (Courcelles, Hift. des Pairs de France, t. V, art. de Melun).

IX. FRANÇOIS LE BOURGOING, écuyer, feigneur de Folin, de Champlévrier, de Biffy, de Lichères, de Coulanges-fur-Yonne, de Charantonay & du Souchet en partie, fut guidon d'une compagnie de cinquante hommes d'armes des ordonnances du roi. Il époufa, par contrat du 27 octobre 1556, paffé devant Guillaume Broffard, notaire au comté de Tonnerre, Avoye de Chenu, fille de Claude de Chenu, chevalier, & de Croifette Le Boucher. Il eut de fon mariage :

1. Gabriel Le Bourgoing, écuyer, feigneur de Folin.
2. Hubert Le Bourgoing, écuyer.
3. Jean, qui fuit.

X. JEAN LE BOURGOING, écuyer, feigneur de Folin, de Champlévrier, de Coulanges-fur-Yonne, de Lichères, de Charantonay & de la Grange-Folle, fe maria, par contrat du 22 février 1626, paffé devant Nicolas Le Noir & Nicolas Le Bruchet, notaires au Châtelet de Paris, avec Jeanne de Montmorency, fille de Pierre de Montmorency, chevalier, feigneur de Laureffe, & de Suzanne de Rieux. Jeanne de Montmorency fut fille d'honneur de Catherine de Médicis, & d'Anne d'Autriche (Hift. des grands offic. de la Couronne, t. III, p. 516). Jean eut deux fils :

1. Charles, qui fuit.
2. Pierre Le Bourgoing de Folin, reçu chevalier de l'ordre de St-Jean-de-Jérufalem le 7 août 1663. Ses preuves, dont une copie exifte dans le t. III

du Catalogue des chevaliers de l'ordre de St-Jean-de-Jérufalem, à la bibliothèque de l'Arfenal, conftatent les huit quartiers fuivants : LE BOURGOING, D'ESGUILLY, DE CHENU, BOUCHER, DE MONTMORENCY DE LAURESSE, D'AVAUGOUR, DE RIEUX, DE CONAN.

XI. CHARLES LE BOURGOING, chevalier, marquis de Folin, eft ainfi qualifié dans la généalogie de la famille Duprat. Nous n'avons trouvé nulle part l'érection de la terre de Folin en marquifat; mais il eft probable que Charles dut cette faveur à la nobleffe de fa famille & à l'illuftre naiffance de fa mère. Il eut pour femme Marguerite-Françoife Amelot, dont deux filles en qui a fini fa branche :

1. Charlotte-Angélique Le Bourgoing époufa en 1711 Louis-Antoine-Bernard du Prat, chevalier, marquis de Formeries, fils de Louis-Antoine du Prat, baron de Viteaux & de Formeries, & d'Anne Lenet, qui mourut fans enfants en 1713 (Hift. des gr. off. de la Couronne, t. VI, p. 457).
2. Marguerite-Françoife Le Bourgoing, mariée à Paul de Grivel de Groffovre, comte d'Orouer.

# ARMORIAL

## Des alliances de la Famille De Bourgoing.

---

AMELOT. D'azur, à trois cœurs d'or, furmontés d'un foleil de même. — Orléanois & Paris. (Dictionnaire de la Nobleffe.)

D'ANLEZY. D'hermine, à la bordure de gueules. — Nivernois. (Diction. de la Nobleffe.)

ARVILLON DU SOZAY. D'azur, au chevron accompagné en chef de deux étoiles, & en pointe d'un rencontre de bélier, le tout d'or. — Nivernois. (Armorial ms. de la gén. de Moulins.)

D'ASSIGNY. D'hermine, au chef de gueules, chargé d'une vivre d'or. — Nivernois. (Armorial ms. de Gilles Le Bouvier.)

BARBERINI. D'azur, à trois abeilles d'or. — Orig. d'Italie.

BERNARD DE TOURY. D'azur, à un cœur d'or, accompagné en chef de deux étoiles de même, & en pointe d'un croiffant d'argent. — Nivernois. (Arm. ms. de la gén. de Moulins.)

DE BESANÇON. D'or, à la tête de maure de fable tortillée d'argent, accompagnée de trois trèfles de finople. — Ile-de-France. (Arm. de Paris, par Beaumont.)

DE BICHES.

BILLAULT.

BONNENFANT.

DE BONNESTAT.

BOUTILLAT. D'argent, à trois barils couchés de gueules. — Nivernois. (Arm. ms. du Nivernois, de 1638, à la Bibl. imp.)

BRISSON. D'azur, à la fafce d'or, accompagnée en chef d'un croiffant d'argent, furmonté d'une étoile d'or, & en pointe d'une rofe d'argent, boutonnée de gueules. — Nivernois. (Arm. ms. de la gén. de Moulins.)

DE CHAMPS. D'azur, à cinq plantes de mandragore d'argent mal ordonnées, au franc quartier d'hermine. — Nivernois. (Arm. ms. de la gén. de Moulins. — Généalogie de la fam. de Courvol.)

DE CHANTELOUP.

DE CHENU. D'or, au chevron de gueules, accompagné de trois hures de fanglier de fable. — (Preuves de Malte, à la Bibl. de l'Arfenal.)

CHEVALIER. Ecartelé : au 1 & 4 d'azur, à une tour d'argent maçonnée de fable ; au 2 & 3 de gueules, à une moucheture d'hermine d'argent. — Auxerrois. (Gén. de Courvol.)

Du COING. D'or, au chevron de gueules, chargé de trois coquilles du champ & accompagné de trois coings d'azur. — Berry & Nivernois. (Labbe, Panégyrique de la ville de Bourges.)

COLLESSON. D'argent, à trois flanchis de fable, & une coquille de gueules en abîme. — Nivernois. (Titres de la famille de Bourgoing.)

COQUILLE. D'azur, à trois coquilles d'or; *alias*, d'azur, au mât alaifé d'argent, accompagné de trois coquilles d'or. — Nivernois. (Dict. de la Nobleffe.)

DE CORBIGNY. D'azur, à trois corbeilles d'or. — Nivernois. (P. Duval, Le blafon. — Arm. ms. du Nivernois de 1638.)

COUDERC DE ST-CHAMANT. Ecartelé : au 1 d'or, à la tour pavillonnée de gueules ; au 2 d'argent, au fautoir alaifé de gueules ; au 3 de finople, à l'arbre d'argent, terraffé de même ; & au 4 d'azur, à deux fafces d'argent, au chef coupé emmanché d'argent & de fable de fix pièces.

DU CREST. D'azur, à trois bandes d'or, au chef d'argent, chargé d'un lion iffant de fable, lampaffé, armé & couronné de gueules. — Nivernois & Bourgogne. (D'Hozier.)

DAMOND.

DESMOUSSEAUX DE GIVRE. D'azur, au navire antique d'argent, voguant fur des ondes de même, furmonté à dextre d'une croix vidée, cléchée & pommetée d'or, & à feneftre d'une colonne de même. — (Armorial de l'Empire.)

DOUGNY.

DUPRE. Lofangé d'or & de gueules. — Nivernois. (Lainé, Arch. de la Nobleffe.)

D'ESGUILLY. Pallé d'or & d'azur. (Preuves de Malte, Bibl. de l'Arfenal.)

DE FAULONG. D'argent, au chevron de gueules, accompagné de trois faux de fable. — Gafcogne.

FLAMEN D'ASSIGNY. D'azur, à deux lions d'or. — Nivernois. (Paillot, Science des armoiries.)

DE FOMBERG. D'azur, au chevron d'or, accompagné de trois coquilles, *alias* de trois tours d'or. — Bourbonnois. (Arm. ms. de la gén. de Moulins.)

FRICHES. D'azur, à la bande d'argent chargée de trois défenfes de fanglier de fable, & accompagnée de deux roues d'argent. — Ile-de-France. (Grandmaifon, Dict. héraldique.)

De Gastelier.

Gougnon.

De Grantris. D'argent, à trois trèfles de finople. — Nivernois. (Roy d'armes du P. de Varennes. — Gén. de Courvol.)

De Grivel de Grossouvre. D'or, à la bande échiquetée de fable & d'argent de deux traits. — Berry. (Paillot, Science des armoiries.)

Guilloure.

Hardy. D'azur, à un lion d'argent, furmonté de trois étoiles de même rangées en chef. — Nivernois. (Arm. ms. de la gén. de Moulins.)

La Bize. Nivernois.

De la Chaume. D'azur, à la fafce d'argent, chargée de trois larmes de fable. — Nivernois. (Inv. des Titres de Nevers.)

De la Marche. Nivernois.

De la Motte.

De la Mousse. De fable, au lion d'argent, armé, lampaffé & couronné de gueules, & un chevron de gueules brochant fur le tout. — Bourbonnois. (Arm. ms. de la gén. de Moulins.)

De Lange. D'azur, au croiffant d'argent, furmonté d'une étoile de même. — Nivernois. (Dict. de la Nobleffe.)

De la Platiere. D'argent, au chevron de gueules, accompagné de trois anylles de fable. — Nivernois. (Vulfon de la Colombière.)

De la Porte d'Issertieux. D'or, à la bande d'azur. — Berry. (Thaumas de la Thaumaffière, Hift. du Berry.)

Le Clerc du Tremblay. D'argent, au chevron d'azur, accompagné de trois rofes de gueules. — Paris. (Dict. de la Nobleffe.)

Le Tort. D'azur, au chevron d'or, accompagné en chef de deux croiffants d'argent, & en pointe d'une étoile de même. — Nivernois. (Arm. ms. de la généralité de Bourgogne.)

De Lotzbeck. Coupé : en chef parti d'un coupé de fable & d'or, au lion de l'un en l'autre, & de gueules à un bufte de vieillard de carnation, chevelé & barbé d'argent ; en pointe, d'azur à deux barres d'or. — Bavière.

Macdonald. Ecartelé : au 1 d'argent, au lion de gueules ; au 2 d'or, au dextrochère armé de toutes pièces de gueules, tenant une croix de calvaire recroifettée & fichée du même ; au 3 d'or, à la galère de fable, pavillonnée & girouettée de gueules, fur une mer de finople, dans laquelle nage un faumon d'argent; au 4 d'argent, à l'arbre arraché de finople, furmonté d'une aigle éployée de fable; un croiffant de gueules brochant au centre de l'écu, fur les écartelures; à la champagne d'or, chargée d'un fcorpion de fable en bande. — Orig. d'Ecoffe. (Courcelles, Hift. gén. des Pairs de France.)

Manoche. Nivernois.

Marcellin. D'argent, au croiffant d'azur, furmonté d'un foleil de même. — Bourbonnois. (Arm. ms. de la gén. de Moulins.)

De Marcy. Nivernois.

Marion de Givry. Ecartelé: au 1 & 4 d'azur, au croiffant d'argent, furmonté d'une étoile d'or; & au 2 & 3 d'or, au chêne arraché de finople. — Nivernois. (Dict. de la Nobleffe.)

Michault.

Millet. D'azur, à un épi de millet d'or, renverfé & couché en fafce, accompagné de trois glands d'argent, feuillés d'or, pofés 2 & 1. — Nivernois. (Arm. ms. de la gén. de Moulins.)

De Montbrun. D'azur, femé d'étoiles d'argent, au lévrier de même brochant fur le tout. — Dauphiné.

De Montmorency-Lauresse. D'or, à la croix de gueules, cantonnée de feize alérions d'azur; la croix chargée d'une étoile d'argent en abîme (comme brifure pour la branche de Laureffe). — Ile-de-France. (Hift. des grands off. de la Couronne.)

Moquot. De gueules, au chevron d'argent, accompagné de trois rofes de même. — Nivernois. (Arm. ms. de la gén. de Moulins.)

Olivier. Coupé: en chef d'azur, à trois étoiles d'argent rangées en fafce, au chef du fecond émail, chargé d'un lion iffant de fable; en pointe d'argent, à une molette de gueules, furmontée de quatre emmanchés de même, mouvant du trait du coupé. — Nivernois. (Arm. ms. de 1638.)

Perreau de St-Leonard. D'azur, à trois befants d'argent & une tête de lion arrachée d'or, en chef. — Nivernois. (Armorial manufcrit de la gén. de Moulins.)

Pinet. D'azur, à trois pommes de pin d'or. — Nivernois. (Arm. ms. de la gén. de Moulins.)

Pitois. D'azur, à la croix ancrée d'or. — Bourgogne & Nivernois. (D'Hozier.)

Du Pontot. Ecartelé: au 1 & 4 d'azur, au lion d'argent, à la bande de

gueules brochant fur le tout ; au 2 & 3 lofangé d'argent & d'azur.
— Nivernois. (Pièce au cabinet des titres de la Bibl. imp.)

Du Prat. D'or, à la fafce de fable, accompagnée de trois trèfles de finople. — Ile-de-France. (Hift. des grands off. de la Couronne.)

De Prevost de la Croix. — Ecartelé : au 1 & 4 d'argent, à trois hures de
fanglier de fable, qui eft de Prévoft ; & au 2 & 3 de gueules, à deux
clefs d'argent adoffées & paffées en fautoir, qui eft de Clermont-
Tonnerre. — Orig. du Poitou, Bourgogne & Nivernois. (Dict. de
la Nobleffe.)

Regnard.

De Retoulles.

Richard de Soultrait. D'argent, à deux palmes de finople adoffées,
accompagnées en pointe d'une grenade de gueules, tigée & feuil-
lée du fecond émail. — Orig. du Comtat-Venaiffin, Nivernois.
(Armorial manufcrit de la gén. de Moulins.)

De Rodon.

Roillart. De gueules, à la fafce d'argent, accompagnée de trois M à
l'antique couronnées d'or. — Paris. (Arm. ms. de la gén. de
Paris.)

De St-Pere. D'or, à la bande d'azur, accoftée de deux cotices de même.
(Gén. de la maifon de Courvol.)

Sarde. D'azur, à trois cerfs d'or. — Berry. (Arm. ms. de la gén. de
Bourges.)

Semelier.

Soreau. D'argent, au fureau de fable. — Bourbonnois. (Hift. des grands
off. de la Couronne.)

Taillon. Ecartelé : au 1 & 4 d'azur, à trois billettes d'argent ; & au 2 &
3 d'or, au lion de gueules. — Berry. (Arm. ms. de la gén. de
Bourges.)

Thibault. De gueules, à trois tours d'or. — Nivernois. (D'Hozier.)

De Vaux. D'azur, à trois pals d'or, celui du milieu accofté de douze lo-
fanges de même, fix de chaque côté. — Berry. (Arm. ms. de la
gén. de Bourges.)

Du Verne. Fafcé de fable & d'argent. Nivernois. (Lainé, Arch. gén.
de la Nobleffe.)

Cette Notice généalogique a été dreffée, en avril 1855,
par le comte George de Soultrait,
Nivernois.

Il en a été tiré cent cinq exemplaires, dont trois fur peau-vélin.

www.ingramcontent.com/pod-product-compliance
Lightning Source LLC
LaVergne TN
LVHW051501090426
835512LV00010B/2268